E. REY

LES SEIGNEURS DE BARUT

LES SEIGNEURS DE MONT-RÉAL

ET DE LA TERRE D'OUTRE LE JOURDAIN

[Extrait de la *Revue de l'Orient latin*, t. IV (1896), n° 1.]

PARIS

ERNEST LEROUX, ÉDITEUR

28, RUE BONAPARTE, 28

1896

LES SEIGNEURS DE BARUT

On aurait tort de considérer le livre des *Lignages*, qui se trouve à la suite des *Assises de Jérusalem,* comme une source infaillible et devant laquelle il n'y a qu'à s'incliner.

Les travaux auxquels je viens de me livrer pour la continuation des *Familles d'Outremer* de Du Cange m'ont amené à reconnaître que, tout en proclamant hautement la valeur de ce document, on était obligé de convenir qu'il s'y rencontre de graves erreurs contre lesquelles devront se tenir en garde les travailleurs appelés à s'en servir.

Comme exemple je citerai, ici, la filiation des seigneurs de Barut (Beyrouth)[1], formant les xxe et xxie chapitres du livre des *Lignages,* où les erreurs et les contradictions se rencontrent en assez grand nombre : ainsi, on y lit, page 459, que Hue, fils de Pierre de Barut, épousa Juliane, dame de Césarée, tandis qu'aux pages 458 et 460, on marie cette dame à Gui, frère de Hue.

La mention du personnage nommé Pierre de Barut, que le *Lignage* donne comme premier seigneur latin de cette ville, paraît elle-même devoir être contestée. On lit encore, page 459, que Marie de Barut, sœur de Hue et de Gui, épousa Girart de Ham, connétable de Chypre. Girart était connétable de Tripoli et avait épousé Marie, fille de Renier, avant lui connétable de Tripoli[2]. Cette dame n'avait donc rien de commun avec la famille des seigneurs de Barut.

---

1. *Assises*, t. II, pp. 458-461.
2. *Arch. de l'Orient lat.*, t. II, pp. 162-163 *(Doc. sur les Connét. de Tripoli).*

Les deux chapitres consacrés à la famille de Barut renferment encore d'autres erreurs analogues que je relèverai au cours de ce travail. Une étude sérieuse des chartes relatives aux seigneurs de Barut et de Mont-Réal publiées par le comte de Marsy dans son cartulaire de l'ordre de Saint-Lazare (*Archives de l'Orient latin*, t. II, pp. 123-157), m'a permis de corriger un certain nombre d'erreurs du texte des *Lignages*, et, grâce à ces nouveaux documents, j'ai pu apporter certaines rectifications importantes à l'histoire des feudataires de ces deux grandes baronnies.

Le premier seigneur de Barut connu est :

GAUTIER I BRISEBARRE qui, le 2 mai 1125, souscrit à Acre le traité dit *Pactum Warmundi* [1]. Puis, au mois de décembre suivant, il figure à Tyr au nombre des témoins de la donation du casal de Derina [2], faite au Saint-Sépulcre par le roi Baudouin II.

Le 14 janvier 1126 [3], il paraît encore, ainsi que Gui, son frère, dans un acte de Barisan, connétable de Japhe.

GUI [BRISEBARRE?] semble avoir succédé à son frère comme seigneur de Barut, vers 1127. Cette même année, il fut envoyé en France par le roi Baudouin II [4] avec le connétable Guillaume de Bures et le grand-maître du Temple pour offrir à Foulques d'Anjou la main de la princesse Mélisende, fille aînée du roi, et la succession au trône de Jérusalem.

En 1137 [5], Gui prit part avec le roi Foulques à la défense du château de Montferrand.

Le 5 février [6] de l'année suivante, on le voit figurer au nombre des témoins de la cession du casal de Thecua au Saint-Sépulcre.

---

1. *Font. rer. Austr.*, t. XII, pp. 90-94.
2. *Cart. du Saint-Sépulcre*, p. 57.
3. Delaville le Roulx, *Arch. de Malte*, p. 71.
4. Guillaume de Tyr, p. 608.
5. Ibid., p. 759.
6. *Cart. du Saint-Sépulcre*, p. 53.

Gui de Barut souscrit, en décembre 1140 [1], un acte de Raymond II, comte de Tripoli.

En 1148 [2], il fut présent à l'assemblée d'Acre, où l'on résolut le siège de Damas, auquel il paraît avoir assisté. C'est lui, je crois, que le *Lignage* désigne, à cette occasion, sous le nom de Pierre [3], en disant que le roi lui avait promis la seigneurie de cette ville, et qu'au cours du siège il le saisit des jardins. Chose étrange, dans les nombreux actes contemporains parvenus jusqu'à nous, on ne voit jamais figurer ce personnage nommé Pierre, tandis qu'on voit Gui paraître jusqu'en 1156 comme seigneur de Barut. Pierre ne se rencontre qu'au *Lignage*.

En 1152, Gui accompagna le roi Baudouin III qui allait remettre le comté d'Édesse aux Grecs [4]. Il prit part, dans les premiers mois de 1154 [5], au commencement du siège d'Ascalon; puis, le 30 [6] juillet de cette même année, il souscrit à Acre la confirmation par le roi Baudouin III des donations antérieurement faites à l'Hôpital.

Le 7 juin 1156 [7], Gui paraît encore à l'acte par lequel Baudouin III confirme certaines donations à l'ordre de Saint-Jean de Jérusalem.

Sa mort semble devoir être fixée à la fin de cette année ou au commencement de la suivante. Il laissa trois fils [8], Gautier, Bernard et Gui.

Il eut pour successeur :

GAUTIÉR II BRISEBARRE. Celui-ci paraît pour la première fois, comme seigneur de Barut, avec ses frères Gui [9] et Bernard, le 4 octobre 1157, dans une charte par laquelle il autorise Homfroy II de Toron à donner à l'hôpital Saint-Jean la moitié de Bélinas [10], qui était une mouvance de la seigneurie de

---

1. *Cartul. du Saint-Sépulcre*, pp. 186-187.
2. Guillaume de Tyr, p. 759.
3. *Assises*, t. II, p. 458.
4. Guillaume de Tyr, p. 783.
5. *Ibid.*, p. 796.
6. *Cod. Dipl.*, t. I, pp. 32-33.
7. *Ibid.*, p. 35.
8. *Ibid.*, p. 36.
9. *Ibid.*
10. *Cod. Dipl.*, t. I, p. 36.

Barut [1]. Philippe de Milly, seigneur de Naplouse, et ses frères furent témoins de cet acte.

Le 31 juillet 1161 [2], Gautier souscrit l'échange, entre le roi Baudouin III et Philippe de Milly, de la seigneurie de Naplouse contre celle de Mont Réal et de Karak.

Le 18 mars 1164 [3], il donne la moitié d'une vigne à l'ordre de Saint-Lazare.

Je suis porté à croire que Marie, dame de Barut, qui, le 16 août [4] de la même année, fonde, en faveur de l'ordre de Saint-Lazare, une rente annuelle de dix besans de la monnaie royale à prendre sur les revenus du casal de Musecaqui, *propter anime mee et animarum virorum meorum* [5] *filiorumque meorum et filiarum,* dit la charte, devait être la femme de Gautier II et qu'elle était déjà veuve en ce moment. Mais quels étaient ses enfants? Il me semble qu'on peut, sans trop de témérité, lui attribuer ceux que le *Lignage* donne à ce Pierre, qu'il présente comme le premier seigneur de Barut, à qui le roi aurait promis Damas en 1148, mais dont, ainsi que je l'ai dit, on ne trouve aucune mention dans les actes contemporains.

D'après cette hypothèse, Marie serait la dame de Barut dont parle le *Lignage* [6] et qui dut se constituer en otage pour délivrer ses fils prisonniers des Sarrazins. Elle serait alors mère :

1° De GAUTIER III BRISEBARRE qui, à son retour de captivité, céda Barut au roi Amaury Ier, pour payer la rançon de sa mère ; — 2° de GUI, qui épousa antérieurement à 1176 Juliane de Césarée ; — 3° de BERNARD ; — 4° de HUGUES, ces deux derniers morts sans postérité ; — et 5° de deux filles, MARIE et BÉATRIX, dont la dernière épousa, vers 1175, Jean le Tort, seigneur du Manuet [7].

L'incident de Bernard [8], qui tua son adversaire dans un plaid

---

1. C'est probablement à la suite de la prise de Bélinas, en 1139, que cette ville était devenue une mouvance de la seigneurie de Barut.
2. Strehlke, *Tab. ord. Teut.,* pp. 3-5.
3. Marsy, *Cartul. de S. Lazare* (*Arch. de l'Or. lat.,* t. II, p. 139).
4. *Ibid.,* p. 23.
5. Les mots *virorum meorum* prouvent que Marie de Barut avait été mariée au moins deux fois ; Pierre aurait-il été un des maris de cette dame?
6. *Assises,* t. II, p. 458.
7. *Ibid.,* t. II, p. 464.
8. *Ibid.,* t. II, p. 458.

de la Haute-Cour, en présence du roi Jean de Brienne, c'est-
à-dire postérieurement à 1210, trouve ainsi bien mieux sa place
qu'en l'attribuant à Bernard, fils de Gui, qui, au temps du roi
Jean, aurait été un vieillard de plus de soixante-dix ans.

Mais nous allons nous trouver en désaccord complet avec
le texte du *Lignage* [1], au sujet des mariages de Marie et de
Gautier III de Barut.

Pour Marie, il résulte d'une des chartes publiées par le
comte de Marsy [2] qu'elle n'épousa jamais Girart de Ham,
dont la femme, également nommée Marie, était fille de Renier,
connétable de Tripoli.

Quant à Gautier III, on le voit paraître le 18 novembre 1168 [3],
mais alors comme seigneur de Mont-Réal. C'est là un fait abso-
lument nouveau. Dans l'acte qui nous le fait connaître, il est
question de son épouse Hélène, déjà décédée et pour l'âme de
laquelle il donne à l'ordre de Saint-Lazare, avec le consentement de Gui, son frère, et de Béatrix, sa fille, une rente
annuelle de 40 besans à prendre, dit-il, *de meo excambio de
Berrito,* ce qui ne laisse guère de doutes sur l'identité du dit
Gautier, d'autant que, par une autre charte du même cartulaire, le roi Amaury Ier confirme, le 24 février 1174 [4], cette
donation dans les termes suivants : *de ipsa assisia Galteri
de Berito, Albæ custodiæ domino, quam ego ei pro Berito in cumcambio dedi.* Ce dernier texte paraît nous fixer
sur l'identité de Gautier III de Barut avec le seigneur de
Mont-Réal, à qui cette seigneurie dut être apportée par Hélène, son épouse.

Or, il résulte encore d'une autre charte du cartulaire de
Saint-Lazare, datée du 3 juillet 1155 [5], que les deux filles de
Philippe de Milly, seigneur de la terre d'Oultre Jourdain à
partir de 1161, se nommaient Étiennette et Hélène [6]. Étiennette
épousa Homfroy III de Toron et il est probable que, par suite
de ce mariage, Philippe de Milly aura inféodé Mont-Réal à

1. *Assises*, t. II, p. 459.
2. Marsy, *Cartul. (Archives de l'Orient latin*, t. II, p. 162).
3. *Ibid.*, p. 141.
4. *Ibid.*, p. 145.
5. *Ibid.*, p. 133.
6. Le *Lignage* la nomme Helvis, la marie à un neveu du seigneur de Tibé-
riade et dit qu'elle mourut sans postérité (*Assises*, t. II, p. 453).

Gautier III de Barut, son autre gendre, pour obtenir de lui l'abandon de ses droits sur Bélinas au connétable Homfroy de Toron, qui réunit ainsi au Toron les seigneuries de Bélinas, de Subeibbe et du Château-Neuf.

La vente de Barut au roi Amaury doit être fixée à l'année 1166 [1], car, dès l'année suivante, on voit ce prince attribuer la seigneurie de cette ville à Andronic Comnène. Mais ce dernier, sans entrer en possession de son fief, enleva la reine Théodora, veuve du roi Baudouin III, et passa avec elle en pays musulman.

Gautier reçut, en échange de Barut, la seigneurie de la Blanche-Garde et une forte somme d'argent dit le *Lignage* [2]. Elle lui servit à payer la rançon de sa mère qui ne survécut qu'un mois à sa délivrance [3].

Il est probable que Gautier, « très despendeors » et toujours obéré, dit le *Lignage* [4], ne tarda pas à vendre Mont-Réal à sa belle-sœur ou à Milon de Plancy, qui, à la suite de la mort d'Homfroy III de Toron, épousa, vers 1173, Étiennette de Milly. C'est dans l'acte du 24 février 1174 [5] que Gautier paraît, pour la première fois, avec le titre de seigneur de La Blanche-Garde.

Il se présente encore une difficulté : l'acte du 18 novembre 1168 ne mentionne qu'une fille de Gautier, Béatrix, dont la mère, Hélène, est déjà morte.

Ne devrait-on pas attribuer à un second mariage avec Agnès [6] les enfants que le *Lignage* donne à Gautier, à savoir : Gilles, qui succéda à son père dans la seigneurie de la Blanche-Garde; Raymonde, mariée avant 1183 à Bertrand de Margat; Marguerite, épouse de Guillaume Porcellet; Eschive, femme de Joscelin de Giblet, seigneur d'Avegore, et Orable, mariée à Eustache de Neuville?

Le 22 octobre 1179, Gautier et son frère Gui souscrivent à Acre un acte du roi Baudouin IV [7].

---

1. Guillaume de Tyr, pp. 943-914.
2. *Assises*, t. II, p. 458.
3. *Ibid.*
4. *Ibid.*
5. Marsy, *Cartul.* (*Arch. de l'Or. latin*, t. II, p. 145).
6. *Familles d'Outremer*, p. 240.
7. Strehlke, *Tab. Ord. Teut.*, p. 12.

GILLES de LA BLANCHE-GARDE, fils de Gautier III de Barut, assista en 1210 [1] au couronnement du roi Jean de Brienne. Aucun acte de ce seigneur ne nous est parvenu.

RAOUL de LA BLANCHE-GARDE, fils de Gilles, donne à l'Hôpital, le 15 mars 1252, les casaux de Capharbole et de Labores [2], et, le 6 juin de l'année suivante, il souscrit l'accord conclu entre le grand-maître de l'ordre Teutonique et Amaury Barlais, relativement aux casaux de Zekkanin [3] et d'Arabia.

Je suis très tenté de croire que c'est sa dalle tumulaire qui figure sous le n° 283 à la planche XXIX des *Lacrimæ Nicosienses*, de M. Tankerville Chamberlayne.

Pour la suite de cette famille, je renvoie le lecteur au tableau des seigneurs de La Blanche-Garde dans les *Familles d'Outremer*, p. 240.

1. *Cont. de Guil. de Tyr*, p. 312.
2. *Revue de l'Orient latin*, t. III, p. 89, n° 279.
3. Rey, *Recherches*, p. 36.

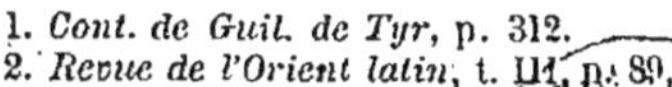
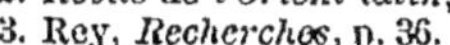

LES SEIGNEURS DE MONT-RÉAL

ET DE LA TERRE D'OUTRE LE JOURDAIN

Je reprendrai très sommairement, ici, la série des seigneurs de Karak et de Mont-Réal, à laquelle il y a quelques additions à faire :

Romain du Puy fut le premier seigneur de la Terre au-delà du Jourdain. On le voit figurer comme témoin de divers actes des rois Baudouin Ier et Baudouin II, entre les années 1110 et 1113 [1]. Il paraît avoir reçu ce fief vers 1118 [2] et en avoir été dépossédé, ainsi que son fils Raoul, antérieurement à 1128, date à laquelle

Payen souscrit, comme seigneur de Mont-Réal, un acte de Guillaume de Bures, et, en 1132, une donation faite par le même seigneur au Saint-Sépulcre [3]. Ce fut lui qui, en 1142, fit élever le château de Karak, dit de la Pierre du Désert. Il assista à l'assemblée d'Acre en 1148 [4].

Maurice, son neveu, lui succéda antérieurement à l'année 1152, année où il donne le casal de Benisalem à l'Hôpital [5]. En 1154 [6], il prit part comme seigneur de Mont-Réal au siège d'Ascalon.

---

1. *Cod. Dipl.*, t. I, pp. 2-3; — Delaborde, *Chartes de Terre-Sainte*, pp. 29, 32, 33, 45, 47.
2. Guillaume de Tyr, p. 627; — Delaborde, *Chartes de Terre-Sainte*, pp. 10-11.
3. *Cartulaire du Saint-Sépulcre*, pp. 148-150.
4. Guillaume de Tyr, p. 759.
5. *Cod. Dipl.*, t. I, p. 31.
6. Guillaume de Tyr, p. 796.

Philippe de Milly reçut, le 31 juillet [1] 1161, du roi Baudouin III, en échange de la seigneurie de Naplouse, Karak, Mont-Réal et Saint-Abraham [2]. Philippe était fils de Gui de Milly ; sa mère, Stéphanie, était cousine de Payen, bouteillier du royaume et seigneur de Mont-Réal.

D'après Étienne de Lusignan [3], Isabelle, femme de Philippe de Milly, aurait été fille de Maurice, neveu et successeur de Payen dans les seigneuries de Mont-Réal et de Karak [4].

De ce mariage, Philippe eut trois enfants : un fils, Renier, mort sans postérité, et deux filles, Hélène et Stéphanie, nommée aussi Étiennette, tous trois vivants le 3 juillet 1155 [5].

Stéphanie épousa, vers 1163, Homfroy III de Toron, fils du connétable, dont elle eut un fils, Homfroy IV (cf. ci-dessous, n. 4) et une fille Isabelle (cf. plus loin, pp. 10 et 12).

Hélène semble avoir été mariée à Gautier III Brisebarre, seigneur de Barut, que l'on voit paraître avec le titre de seigneur de Mont-Réal, le 18 novembre 1168 [6], c'est-à-dire alors qu'il avait déjà cédé au roi Amaury Ier la seigneurie de Barut.

Ce serait donc au temps de Payen ou de Maurice, durant l'enfance de Stéphanie, que Saladin, fort jeune alors, aurait été prisonnier au château de Karak, car Stéphanie figure dès le 3 juillet 1155 comme accordant son consentement à une donation de son père [7], ce qui suppose qu'elle avait alors au moins douze ans.

Il est évident que le fief de Mont-Réal avait été apporté à Gautier III de Barut par sa femme et probablement en com-

---

1. Strehlke, *Tab. Ord. Teut.*, pp. 3-5.

2. *Assises*, t. II, p. 453.

3. Étienne de Lusignan, *Généalogies*, fol. 56.

4. Le passage suivant de la *Chronique* d'Ernoul et de Bernard le Trésorier (éd. de Mas-Latrie, p. 103) tendrait à confirmer le dire d'Étienne de Lusignan en établissant que Stéphanie, fille de Philippe de Milly, dont il va être parlé, avait passé son enfance à Karak. Saladin étant arrivé sous les murs de cette place le jour même (22 nov. 1183) du mariage de Homfroy IV de Toron, petit-fils de ce Philippe, avec Élisabeth, seconde fille du roy Amaury (*Hist. arabes des croisades*, t. III, pp. 76-77), Stéphanie envoya des plats du festin nuptial au prince musulman : « Si envoia à Salehadin des noces de son fils pain et vin et bues et moutons ; et si li manda salut, qu'il l'avoit maintes fois portée entre ses bras quant il estoit esclave el castiel et elle estoit enfes. »

5. Marsy, *Cartulaire* (*Arch. de l'Or. lat.*, t. II, p. 133).

6. *Ibid.*, p. 142.

7. *Ibid.*, p. 133.

pensation de l'abandon fait à Homfroy de Toron, son beau-frère, de ses droits sur Bélinas (voy. ci-dessus, p. 6).

De son mariage avec Hélène de Milly, Gautier ne paraît avoir eu qu'une fille nommée Béatrix [1]. Elle doit être morte jeune, car elle est inconnue à l'auteur du *Lignage,* et son père ne semble pas avoir conservé longtemps la seigneurie de Mont-Réal, puisque le 24 février 1174 il paraît, dans un acte du roi Amaury Ier, comme seigneur de la Blanche-garde, fief que ce prince lui avait donné en échange de Barut.

Philippe de Milly devenu veuf et ayant fait profession dans l'ordre du Temple vers 1167 [2], ses fiefs passèrent à sa fille Stéphanie, qui était probablement seule survivante alors de ses trois enfants.

Postérieurement à 1169, on voit Stéphanie, dame de Karak et de Mont-Réal, apporter cette seigneurie aux maris qu'elle épouse successivement.

Du premier, elle avait eu Homfroy IV de Toron et Isabelle, mariée à Roupen III d'Arménie. Devenue veuve, elle épousa en secondes noces :

Milon de Plancy, sénéchal du royaume de Jérusalem, qu'on voit souscrire plusieurs actes comme seigneur de Mont-Réal entre 1172 et 1174 [3]. Dans les derniers mois de cette dernière année, il fut assassiné à Acre [4].

Renaud de Châtillon, veuf de Constance, princesse d'Antioche, fut le troisième mari de Stéphanie de Milly, qu'il épousa vers 1177 [5], et il tint du chef de celle-ci la seigneurie de Karak et de Mont-Réal [6] jusqu'à sa mort survenue le 4 juillet 1187, à la suite de la bataille de Hattin.

Devenu seigneur de Karak et de Mont-Réal, Renaud se considéra comme à peu près indépendant, et, par ses impru-

---

1. Marsy, *Cartulaire* (*Arch. de l'Or. lat.,* t. II, p. 142).
2. On voit Gautier, son gendre, figurer comme seigneur de Mont-Réal, en 1168 (Marsy, *Cartulaire* [*ibid.,* pp. 141-142]).
3. Strehlke, *Tab. ord. Teut.,* pp. 7-8; — Paoli, *Cod. Dipl.,* t. I, p. 244.
4. Guillaume de Tyr, pp. 1009-1010.
5. *Chron.* d'Ernoul et de Bernard le Trésorier, éd. Mas Lat., p. 31.
6. Delaborde, *Chartes de Terre-Sainte,* pp. 88 à 91; — Paoli, *Cod. Dipl.,* t. I, p. 249; — Strehlke, *Tab. ord. Teut.,* pp. 13-14.

dences, il compromit gravement les principautés franques de Syrie.

En 1180, on le voit enlever, en pleine trêve, une caravane musulmane se rendant du Caire à Damas par la seigneurie de Karak.

En 1182[1], il transporte à dos de chameaux une flotille dans la mer Rouge, dont elle fut maîtresse près d'une année. Il fait alors une tentative de débarquement pour s'emparer de Médine, ce qui cause une vive émotion dans tout le monde arabe[2].

Par haine contre le comte de Tripoli, il eut une grande part, en 1186, à l'avènement de Gui de Lusignan au trône de Jérusalem, et, peu de mois après, il s'empara d'une sœur de Saladin, qui, sur la foi d'une trêve, traversait la Syrie Sobale pour se rendre à Damas[3]. Aux réclamations du prince musulman aussi bien qu'aux ordres formels du roi, il opposa un refus formel de rendre sa prisonnière, et cet événement fut la cause principale qui ralluma la guerre et amena la fin du royaume latin.

HOMFROY IV de TORON avait été fiancé, dès le mois d'octobre de l'année 1180[4], à Isabelle ou Élisabeth, seconde fille du roi Amaury.

Le 21 avril 1183[5], il donne à l'ordre de Saint-Lazare une rente annuelle de 20 besans à prendre sur la part des revenus de la douane d'Acre qui lui avait été attribuée par le roi Baudouin IV.

Fait prisonnier à la bataille de Hattin[6], il ne recouvra la liberté qu'en 1189, quand les châteaux de Karak et de Mont-Réal se rendirent à Saladin.

Isabelle divorça peu de temps après son retour de captivité, quand elle devint héritière de la couronne de Jérusalem, puis fut successivement remariée à Conrad de Montferrat, à

1. Rey, *Colonies franques de Syrie*, pp. 156-157.
2. *Hist. arabes des croisades*, t. I, p. 658.
3. *Cont. de Guill. de Tyr*, p. 34.
4. Delaborde, *Chartes de Terre-Sainte*, p. 89.
5. Marsy, *Cartulaire* (*Arch. de l'Or. lat.*, t. II, p. 146).
6. *Cont. de Guill. de Tyr*, pp. 66 et 124; — *Hist. arabes des croisades*, t. I, pp. 60 et 734.

Henry II, comte de Champagne, et, en 1197, à Amaury II de
Lusignan. Elle mourut reine de Chypre vers 1208.

Homfroy IV de Toron, son premier mari, mourut sans postérité en 1198 [1], et le titre de seigneur de Mont-Réal et de
Karak passa dans la maison de Toron.

ISABELLE de TORON, fille de Homfroy III [2], avait été mariée
en 1181 à Roupen III d'Arménie. Veuve en 1187, elle hérita
en 1198, à la mort de son frère Homfroy IV, des titres et
seigneuries de Karak et de Mont-Réal, de Saint-Abraham
(Hébron), de Toron, de Château-Neuf, de Bélinas. De son
mariage avec Roupen III, elle eut Alix d'Arménie, qui suit,
et Philippa, qui fut successivement mariée à Scha-henschah,
lequel était frère d'Héthoum, prince de Saçoun, mari de sa
sœur Alix, puis à Théodore Lascaris, empereur de Nicée [3];
et enfin une troisième fille dont nous ignorons le nom, qui
épousa André, fils d'André II, roi de Hongrie [4].

ALIX d'ARMÉNIE [5] succéda à sa mère dans le titre des
seigneuries de Karak et de Mont-Réal. Mariée en premières
noces à Héthoum, prince de Saçoun, elle en eut une fille
Ritha.

Devenue veuve, elle épousa, en 1194 [6], Raymond, fils de
Bohémond III, prince d'Antioche [7], dont elle eut Raymond
Rupin. Ce dernier fut, de 1216 à 1220, prince d'Antioche,
dont il s'était emparé grâce à la trahison d'Acharie de Sar-
menia, sénéchal de la principauté et maior ou maire de la
commune d'Antioche. Raymond Rupin eut pour femme Helvis
de Lusignan, et de ce mariage naquirent deux filles :

ESCHIVE, morte enfant, et :

MARIE d'ANTIOCHE, qui, née vers 1215, portait en 1236 le

---

1. *Familles d'Outremer*, p. 473.
2. *Familles d'Outremer*, p. 156.
3. *Ibid.*
4. *Ibid.*
5. *Familles d'Outremer*, p. 156.
6. *Cont. de Guill. de Tyr*, pp. 212-213.
7. La princesse Alix vivait encore au mois de septembre 1231, époque à
laquelle elle donna à l'Hôpital un casal nommé Tertriafa, qui était voisin du
Toron. Dans l'acte de donation, elle porte le titre de princesse d'Antioche et
de dame d'Arménie (*Rev. de l'Or. latin*, t. III, p. 82, n° 236).

titre de dame des deux Kraks et de Toron [1]. En 1229, l'empereur Frédéric II rendit à la princesse Alix, sa grand'mère, le Toron qu'il venait de recouvrer par un traité avec les Musulmans [2].

En 1240, Marie épousa Philippe de Montfort, qui trois ans après devint seigneur de Tyr. Elle lui apporta le Toron et la seigneurie titulaire des deux Kraks (Krak de Mont-Réal et Krak de la Pierre-du-Désert), titre qui paraît s'être éteint avec son fils aîné, Jean de Montfort, mort sans postérité le 26 novembre 1283 [3].

1. Rey, *Recherches*, pp. 17-19.
2. Strehlke, *Tab. ord. Teut.*, p. 54.
3. Amadi, p. 215.

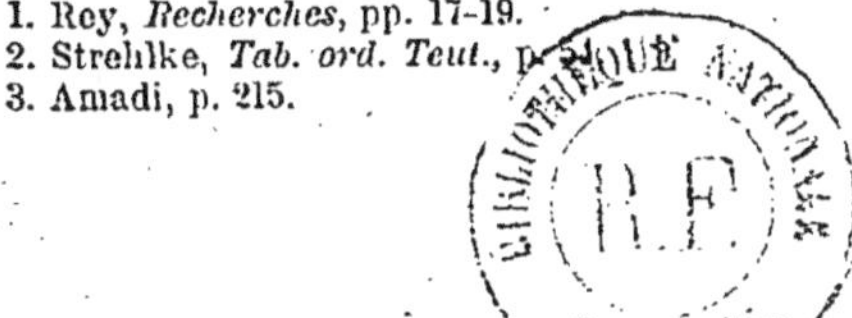

[Extrait de la *Revue de l'Orient latin*, t. IV (1896), n° 1.]

Le Puy. — Imprimerie R. MARCHESSOU, boulevard Carnot, 23.

www.ingramcontent.com/pod-product-compliance
Lightning Source LLC
LaVergne TN
LVHW050349030726
842520LV00005B/2018